Wie viele sind es zusammen?

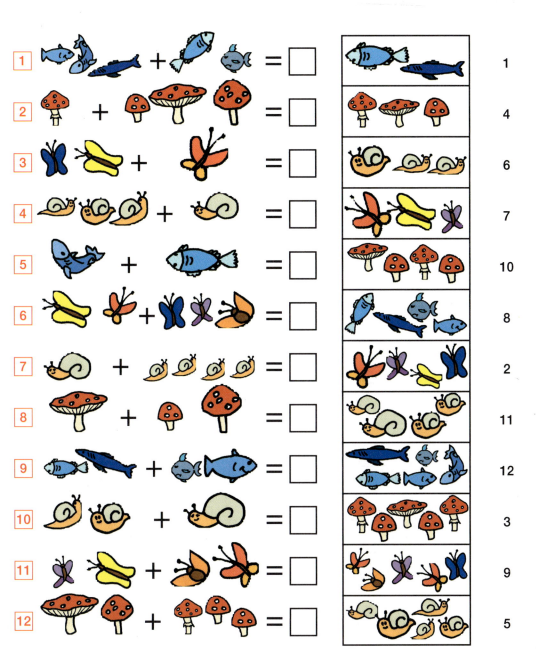

Auf jeder Seite sollen gleich viel sein!

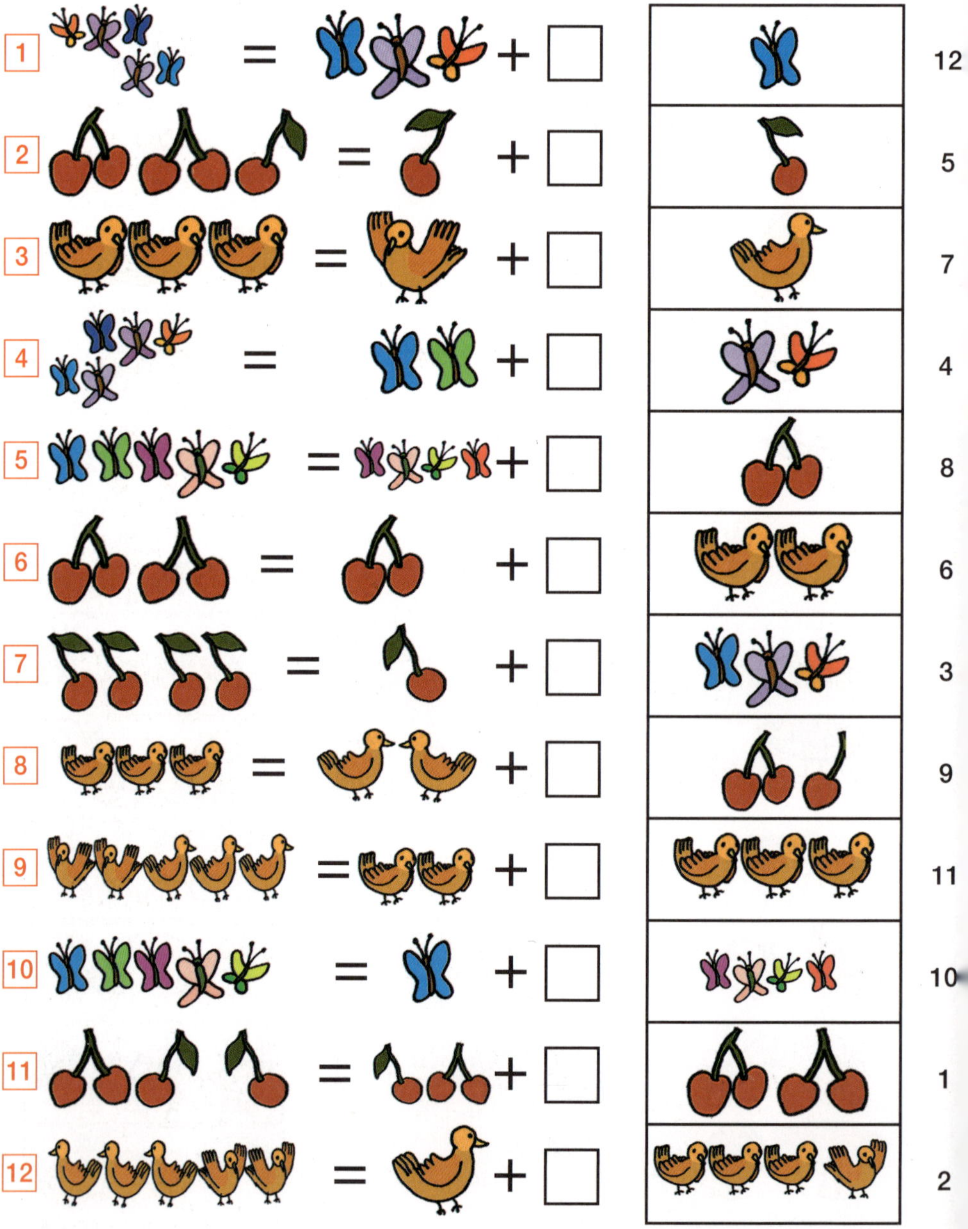

Auf jeder Seite sollen gleich viel sein!

1 10

2 5

3 3

4 8

5 2

6 4

7 1

8 9

9 6

10 7

11 11

12 12

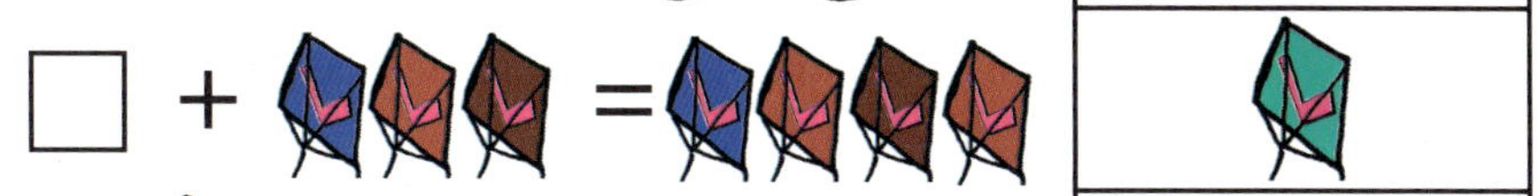

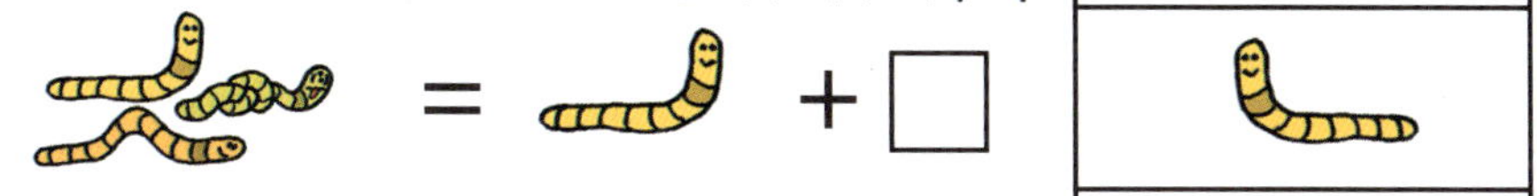

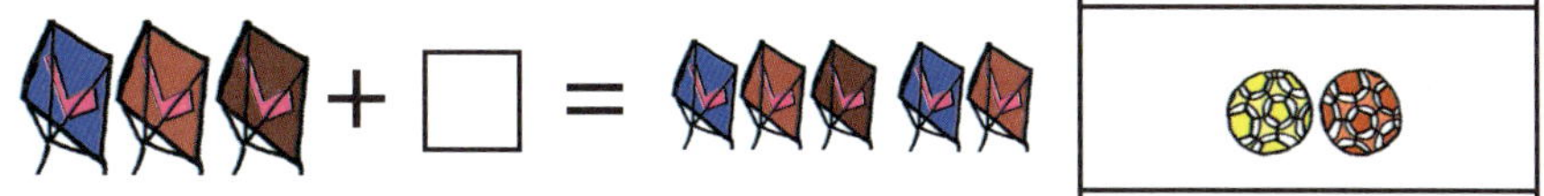

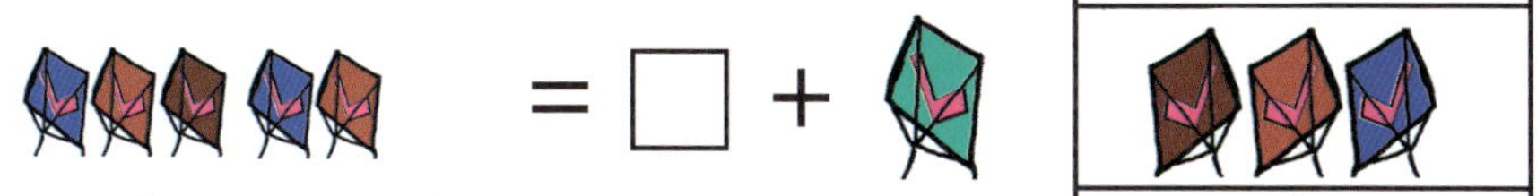

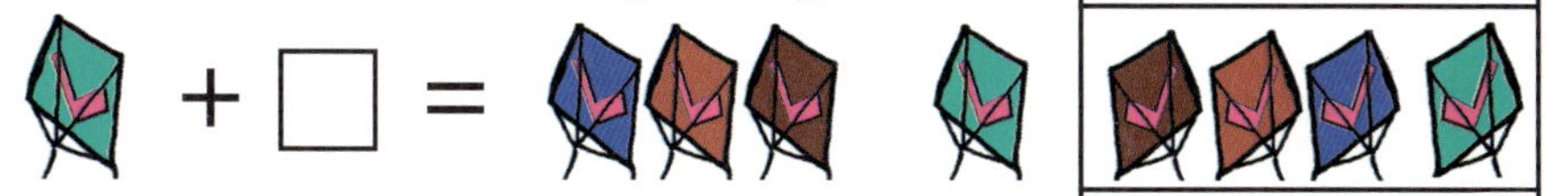

Auf jeder Seite sollen gleich viel sein!
Wie viele müssen weggenommen werden?

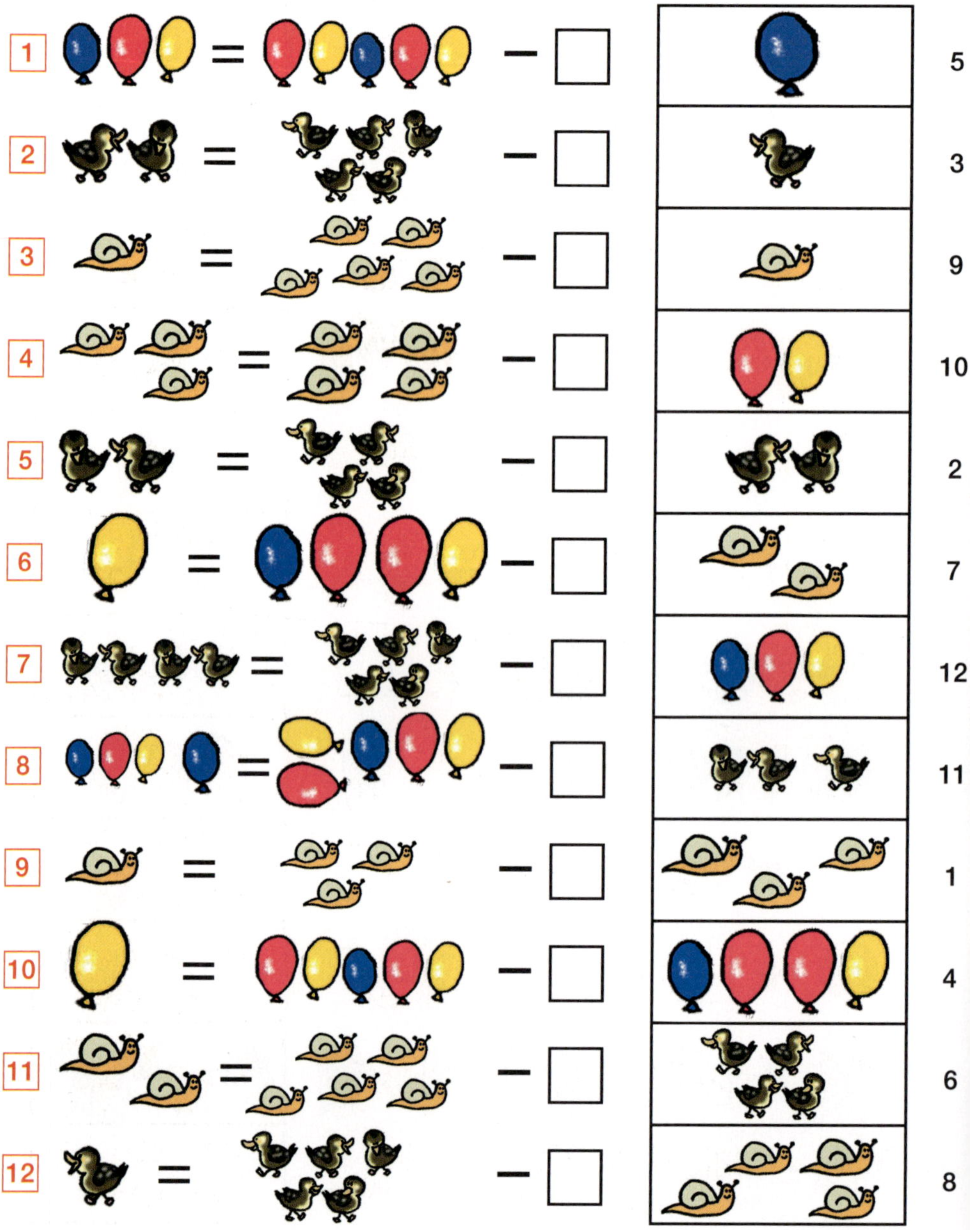

Auf jeder Seite sollen gleich viel sein!

Welche Aufgabe gehört zum Bild?

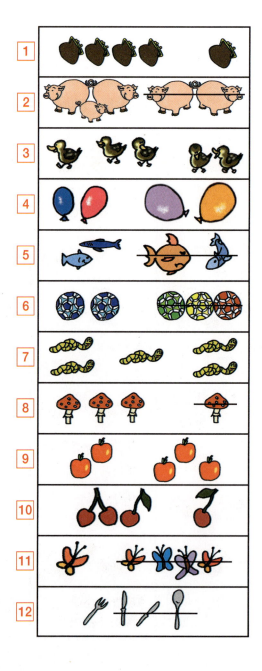

1	$2+2=4$	7
2	$2+3=5$	3
3	$3+1=4$	2
4	$4+1=5$	8
5	$1+2+2=5$	4
6	$2+1+2=5$	1
7	$4-1=3$	6
8	$4-2=2$	10
9	$4-3=1$	5
10	$5-2=3$	12
11	$5-3=2$	11
12	$5-4=1$	9

Welches Bild gehört zur Aufgabe?

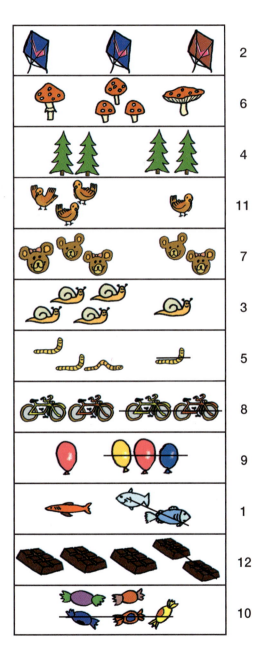

1 $4 - 1 = 3$

2 $2 + 2 = 4$

3 $1 + 1 + 1 = 3$

4 $5 - 2 = 3$

5 $4 - 2 = 2$

6 $4 + 1 = 5$

7 $1 + 3 + 1 = 5$

8 $5 - 3 = 2$

9 $3 + 2 = 5$

10 $3 + 1 = 4$

11 $3 - 2 = 1$

12 $4 - 3 = 1$

2
6
4
11
7
3
5
8
9
1
12
10

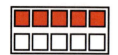

1	5 = 3 + ☐	0	10
2	5 = 0 + ☐	1	12
3	5 = 4 + ☐	2	9
4	5 = 5 + ☐	3	6
5	5 = 2 + ☐	4	8
6	5 = 1 + ☐	5	7

7	5 − 2 = ☐	0	5
8	5 − 0 = ☐	1	2
9	5 − 1 = ☐	2	3
10	5 − 3 = ☐	3	4
11	5 − 5 = ☐	4	11
12	5 − 4 = ☐	5	1

8

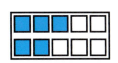

1. 3 + 2 = ☐
2. 5 = 3 + ☐
3. 5 = ☐ + 5
4. 2 + ☐ = 5
5. 5 = 4 + ☐
6. 5 = 1 + ☐

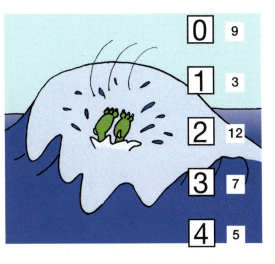

|0| 9
|1| 3
|2| 12
|3| 7
|4| 5
|5| 2

7. 5 − 3 = ☐
8. 5 − ☐ = 5
9. 5 − 1 = ☐
10. 2 = 5 − ☐
11. 5 − ☐ = 4
12. 5 − ☐ = 0

|0| 6
|1| 4
|2| 1
|3| 8
|4| 10
|5| 11

9

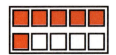

1	6 =	3 +	☐	0	2
2	6 =	5 +	☐	1	4
3	6 =	0 +	☐	2	3
4	6 =	2 +	☐	3	11
5	6 =	6 +	☐	4	12
6	6 =	4 +	☐	5	6
7	6 =	1 +	☐	6	8
8	6 −	4 =	☐	1	9
9	6 −	1 =	☐	2	10
10	6 −	3 =	☐	3	5
11	6 −	2 =	☐	4	1
12	6 −	5 =	☐	5	7

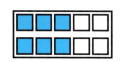

1. 3 + 3 = ☐
2. 4 + ☐ = 6
3. ☐ + 5 = 6
4. 6 = 3 + ☐
5. 2 + ☐ = 6
6. 6 = ☐ + 1

7. 6 − ☐ = 2
8. 5 = 6 − ☐
9. ☐ = 6 − 3
10. 6 − ☐ = 6
11. 4 = 6 − ☐
12. 6 − ☐ = 1

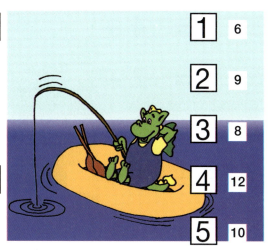

|1| 6
|2| 9
|3| 8
|4| 12
|5| 10
|6| 1
|0| 7
|1| 3
|2| 5
|3| 11
|4| 2
|5| 4

11

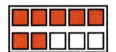

1. 7 = 4 + ☐   1 5
2. 7 = 2 + ☐   2 3
3. 7 = 6 + ☐   3 4
4. 7 = 5 + ☐   4 1
5. 7 = 0 + ☐   5 2
6. 7 = 3 + ☐   7 11

7. 7 − 5 = ☐   0 12
8. 7 − 1 = ☐   1 10
9. 7 − 3 = ☐   2 9
10. 7 − 6 = ☐   3 7
11. 7 − 7 = ☐   4 6
12. 7 − 4 = ☐   6 8

1	5 + ☐ = 7	1	1
2	☐ + 1 = 7	2	3
3	7 = ☐ + 3	3	5
4	0 + ☐ = 7	4	7
5	6 + ☐ = 7	6	12
6	7 = 4 + ☐	7	4

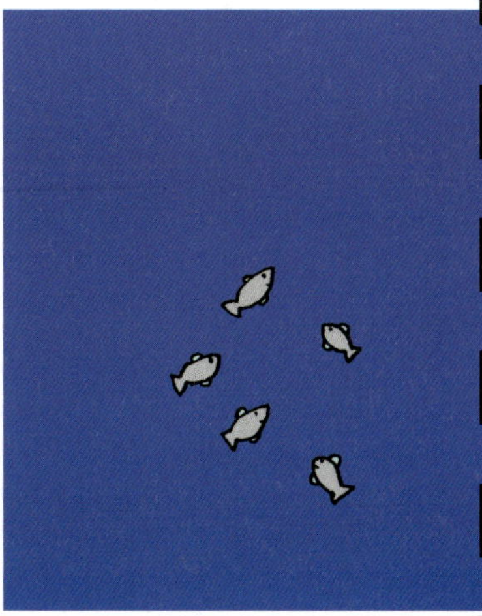

7	7 − ☐ = 2	2	9
8	7 − 4 = ☐	3	6
9	7 − ☐ = 0	4	11
10	5 = 7 − ☐	5	10
11	1 = 7 − ☐	6	8
12	7 − ☐ = 3	7	2

1	8 = 4 + ☐		1	4
2	8 = 6 + ☐		2	8
3	8 = 1 + ☐		3	11
4	8 = 5 + ☐		4	6
5	8 = 7 + ☐		7	10
6	8 = 0 + ☐		8	1

7	8 − 3 = ☐		0	3
8	8 − 4 = ☐		1	7
9	8 − 1 = ☐		3	12
10	8 − 5 = ☐		4	2
11	8 − 8 = ☐		5	5
12	8 − 7 = ☐		7	9

 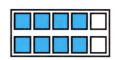

1. 5 + ☐ = 8
2. 7 + ☐ = 8
3. ☐ + 2 = 8
4. ☐ + 4 = 8
5. 8 = ☐ + 6
6. 8 = ☐ + 8
7. 8 − ☐ = 4
8. 8 − ☐ = 7
9. 6 = 8 − ☐
10. 3 = 8 − ☐
11. 8 − ☐ = 0
12. 2 = 8 − ☐

0	12
1	5
2	8
3	3
4	4
6	2
1	11
2	7
4	10
5	9
6	6
8	1

15

1	9 =	5 +	☐	1 2
2	9 =	7 +	☐	2 10
3	9 =	4 +	☐	3 12
4	9 =	8 +	☐	4 1
5	9 =	6 +	☐	5 6
6	9 =	2 +	☐	7 9
7	9 −	3 =	☐	0 5
8	9 −	5 =	☐	1 3
9	9 −	9 =	☐	3 11
10	9 −	1 =	☐	4 4
11	9 −	6 =	☐	6 8
12	9 −	8 =	☐	8 7

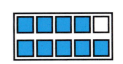

1. 6 + ☐ = 9
2. 9 = ☐ + 1
3. ☐ + 3 = 9
4. ☐ = 7 + 2
5. 5 + ☐ = 9
6. 9 = 8 + ☐

7. 9 − ☐ = 7
8. 5 = 9 − ☐
9. 9 − ☐ = 3
10. 9 − ☐ = 0
11. 2 = 9 − ☐
12. 4 = 9 − ☐

|1| 7
|3| 4
|4| 5
|6| 11
|8| 8
|9| 3

|2| 9
|4| 2
|5| 1
|6| 12
|7| 6
|9| 10

17

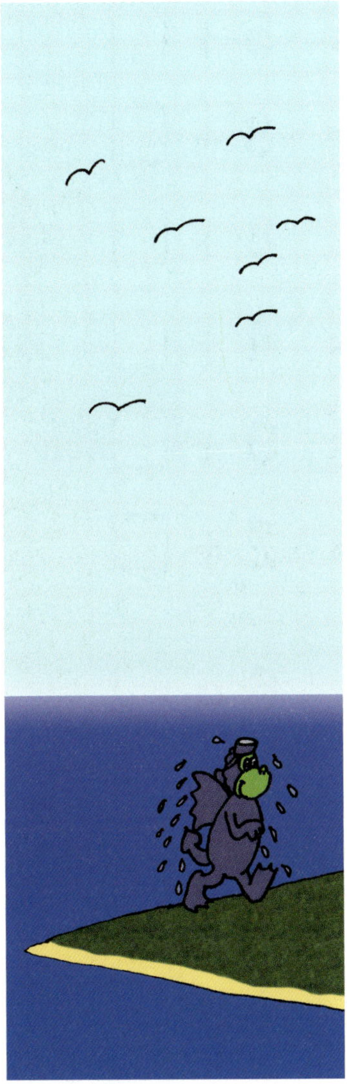

1	10 = 5 + ☐		1	1
2	10 = 3 + ☐		2	7
3	10 = 8 + ☐		3	10
4	10 = 4 + ☐		5	12
5	10 = 9 + ☐		6	11
6	10 = 7 + ☐		7	9

7	10 − 6 = ☐		0	2
8	10 − 0 = ☐		4	5
9	10 − 2 = ☐		5	4
10	10 − 1 = ☐		8	8
11	10 − 10 = ☐		9	6
12	10 − 5 = ☐		10	3

18

1	6 + ☐ = 10	1	5
2	2 + ☐ = 10	4	4
3	☐ + 5 = 10	5	11
4	☐ + 3 = 10	6	1
5	10 = ☐ + 9	7	3
6	10 = ☐ + 4	8	8

7	10 − ☐ = 5	0	6
8	10 − ☐ = 0	2	10
9	10 = 10 − ☐	5	9
10	8 = 10 − ☐	7	12
11	3 = 10 − ☐	9	7
12	10 − ☐ = 1	10	2

19

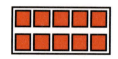

[1]	5 + 1 = ☐	[2]	3
[2]	2 + 1 = ☐	[3]	5
[3]	4 + 1 = ☐	[5]	9
[4]	7 + 1 = ☐	[6]	7
[5]	1 + 1 = ☐	[8]	2
[6]	9 + 1 = ☐	[10]	12
[7]	8 − 1 = ☐	[1]	4
[8]	5 − 1 = ☐	[3]	6
[9]	10 − 1 = ☐	[4]	11
[10]	7 − 1 = ☐	[6]	1
[11]	2 − 1 = ☐	[7]	8
[12]	4 − 1 = ☐	[9]	10

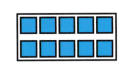

1. ☐ + 1 = 6
2. 1 + ☐ = 4
3. 1 + ☐ = 2
4. ☐ + 1 = 10
5. ☐ + 1 = 5
6. 1 + ☐ = 8

7. ☐ − 1 = 6
8. ☐ − 1 = 3
9. ☐ − 1 = 8
10. ☐ − 1 = 5
11. ☐ − 1 = 1
12. ☐ − 1 = 4

1	1
3	3
4	7
5	6
7	4
9	5
2	8
4	9
5	10
6	12
7	11
9	2

21

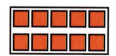

1	$3 + 2 = \square$	3	3
2	$6 + 2 = \square$	4	7
3	$5 + 2 = \square$	5	4
4	$1 + 2 = \square$	6	11
5	$4 + 2 = \square$	7	5
6	$2 + 2 = \square$	8	2
7	$7 - 2 = \square$	0	6
8	$10 - 2 = \square$	1	12
9	$3 - 2 = \square$	3	1
10	$6 - 2 = \square$	4	10
11	$2 - 2 = \square$	5	9
12	$5 - 2 = \square$	8	8

1. ☐ + 2 = 8
2. ☐ + 2 = 10
3. 2 + ☐ = 5
4. 2 + ☐ = 9
5. ☐ + 2 = 4
6. 2 + ☐ = 7
7. ☐ − 2 = 2
8. ☐ − 2 = 6
9. ☐ − 2 = 3
10. ☐ − 2 = 0
11. ☐ − 2 = 7
12. ☐ − 2 = 4

2 12
3 6
5 4
6 1
7 8
8 3
2 7
4 2
5 11
6 10
8 9
9 5

23

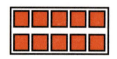

1	3 + 3 = ☐	3	7
2	6 + 3 = ☐	4	1
3	1 + 3 = ☐	6	6
4	7 + 3 = ☐	8	9
5	0 + 3 = ☐	9	10
6	5 + 3 = ☐	10	5
7	8 − 3 = ☐	1	4
8	4 − 3 = ☐	2	8
9	10 − 3 = ☐	4	12
10	7 − 3 = ☐	5	11
11	5 − 3 = ☐	6	3
12	9 − 3 = ☐	7	2

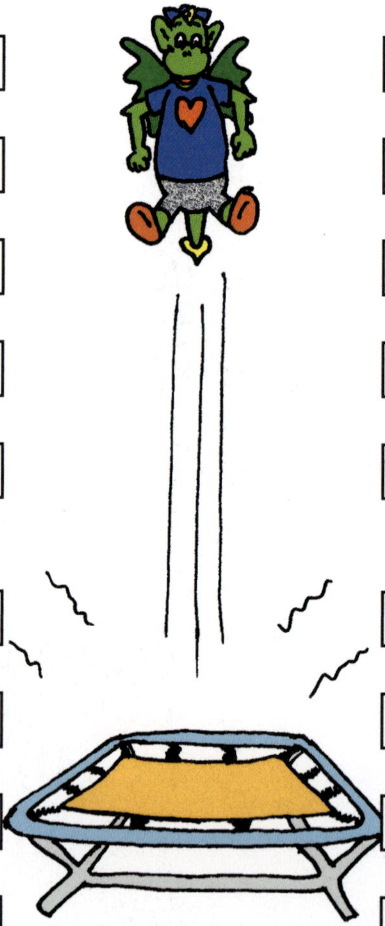

1. ☐ + 3 = 8 |0| 4
2. 3 + ☐ = 10 |2| 12
3. 3 + ☐ = 3 |3| 8
4. ☐ + 3 = 6 |5| 7
5. ☐ + 3 = 9 |6| 10
6. 3 + ☐ = 5 |7| 11
7. ☐ − 3 = 4 |4| 6
8. ☐ − 3 = 2 |5| 5
9. ☐ − 3 = 7 |6| 1
10. ☐ − 3 = 3 |7| 2
11. ☐ − 3 = 5 |8| 9
12. ☐ − 3 = 1 |10| 3

25

1	$4 + 4 = \square$	5	1
2	$1 + 4 = \square$	6	8
3	$6 + 4 = \square$	7	9
4	$3 + 4 = \square$	8	10
5	$5 + 4 = \square$	9	12
6	$2 + 4 = \square$	10	6
7	$8 - 4 = \square$	1	4
8	$10 - 4 = \square$	2	2
9	$7 - 4 = \square$	3	11
10	$5 - 4 = \square$	4	3
11	$9 - 4 = \square$	5	5
12	$6 - 4 = \square$	6	7

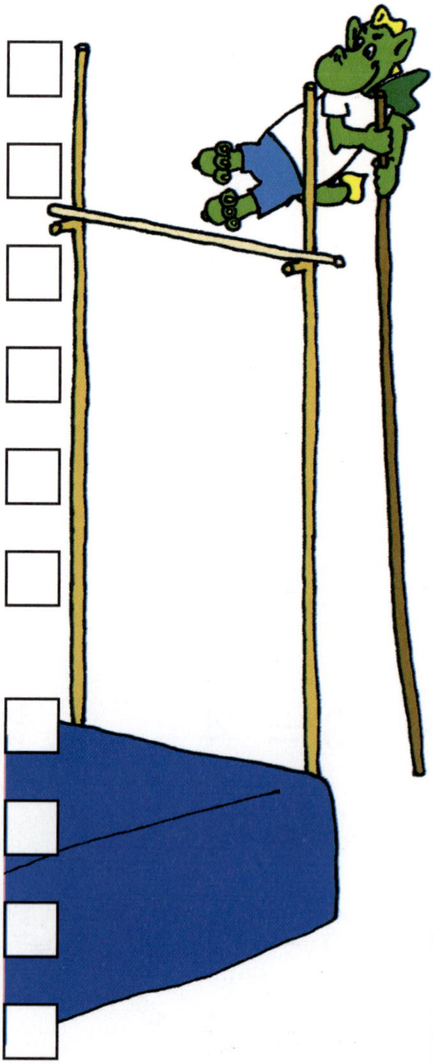

1	☐ + 4 = 8	1	6
2	4 + ☐ = 7	2	3
3	4 + ☐ = 10	3	4
4	4 + ☐ = 5	4	5
5	☐ + 4 = 9	5	8
6	☐ + 4 = 6	6	2
7	☐ − 4 = 5	4	11
8	☐ − 4 = 2	6	10
9	☐ − 4 = 6	7	7
10	☐ − 4 = 0	8	9
11	☐ − 4 = 3	9	12
12	☐ − 4 = 4	10	1

1. 5 + 5 = ☐ |5| 7
2. 2 + 5 = ☐ |6| 5
3. 4 + 5 = ☐ |7| 2
4. 1 + 5 = ☐ |8| 4
5. 3 + 5 = ☐ |9| 10
6. 0 + 5 = ☐ |10| 12

7. 9 − 5 = ☐ |0| 3
8. 6 − 5 = ☐ |1| 8
9. 10 − 5 = ☐ |2| 6
10. 7 − 5 = ☐ |3| 1
11. 5 − 5 = ☐ |4| 11
12. 8 − 5 = ☐ |5| 9

28

1	☐ + 5 = 8	0	2
2	☐ + 5 = 10	1	6
3	5 + ☐ = 5	2	8
4	5 + ☐ = 9	3	9
5	☐ + 5 = 7	4	10
6	5 + ☐ = 6	5	5
7	☐ − 5 = 3	5	3
8	☐ − 5 = 1	6	11
9	☐ − 5 = 5	7	7
10	☐ − 5 = 0	8	4
11	☐ − 5 = 2	9	12
12	☐ − 5 = 4	10	1

29

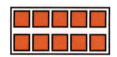

1	6 + 3 = ☐	4	8
2	2 + 2 = ☐	6	1
3	4 + 3 = ☐	7	9
4	5 + 5 = ☐	8	3
5	4 + 4 = ☐	9	6
6	4 + 2 = ☐	10	11
7	10 − 2 = ☐	1	4
8	7 − 1 = ☐	4	10
9	9 − 5 = ☐	5	7
10	8 − 1 = ☐	6	2
11	6 − 5 = ☐	7	12
12	8 − 3 = ☐	8	5

1	2 + 7 = ☐	5	8
2	3 + 3 = ☐	6	5
3	2 + 8 = ☐	7	12
4	4 + 4 = ☐	8	10
5	3 + 2 = ☐	9	9
6	1 + 6 = ☐	10	2
7	8 − 5 = ☐	0	1
8	10 − 6 = ☐	1	7
9	5 − 4 = ☐	2	3
10	9 − 7 = ☐	3	4
11	8 − 8 = ☐	4	11
12	5 − 0 = ☐	5	6

31

1	3 + 5 = ☐		5	3
2	1 + 4 = ☐		6	4
3	8 + 2 = ☐		7	1
4	4 + 3 = ☐		8	8
5	8 + 1 = ☐		9	5
6	2 + 4 = ☐		10	11
7	10 − 6 = ☐		2	2
8	8 − 5 = ☐		3	9
9	6 − 0 = ☐		4	7
10	9 − 7 = ☐		5	12
11	7 − 2 = ☐		6	6
12	10 − 3 = ☐		7	10

Lumie

Paulina

Malte